AF295940

NOTICE

SUR M. L'ABBÉ

FRANÇOIS-AUGUSTE LE DREUILLE

Ancien premier aumônier de l'hôpital militaire du Val-de-Grâce,
Chevalier de la Légion d'honneur et de l'Ordre royal de Notre-Dame de la Conception
de Portugal, membre de plusieurs sociétés savantes,
Orateur des Sociétés des ouvriers de Saint-François-Xavier, etc., etc.

NÉ A SAINT-MARTIN, PRÈS DE CAEN, LE 10 AVRIL 1797

MORT A PARIS LE 18 SEPTEMBRE 1860

Lue le 1er octobre 1860

AU SERVICE CÉLÉBRÉ POUR LE REPOS DE SON AME

PAR M. L'ABBÉ FAUDET

Curé de Saint-Roch

PARIS

IMPRIMERIE DE CH. JOUAUST

RUE SAINT-HONORÉ, 338

1860

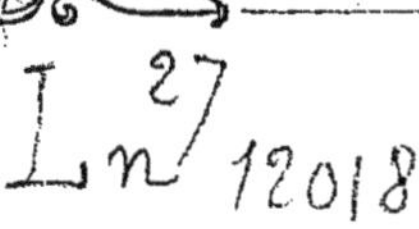

NOTICE

SUR M. L'ABBÉ

FRANÇOIS-AUGUSTE LE DREUILLE

Ancien premier aumônier de l'hôpital militaire du Val-de-Grâce,
Chevalier de la Légion d'honneur et de l'Ordre royal de Notre-Dame de la Conception
de Portugal, membre de plusieurs sociétés savantes,
Orateur des Sociétés des ouvriers de Saint-François-Xavier, etc., etc.

NÉ A SAINT-MARTIN, PRÈS DE CAEN, LE 10 AVRIL 1797

MORT A PARIS LE 18 SEPTEMBRE 1860

Lue le 1ᵉʳ octobre 1860

AU SERVICE CÉLÉBRÉ POUR LE REPOS DE SON AME

PAR M. L'ABBÉ FAUDET

Curé de Saint-Roch

Vous vous étonniez, Messieurs, de ne plus entendre la voix de M. le Dreuille; et vos réunions solennelles, vos séances de la distribution des diplômes et des récompenses, vous semblaient incomplètes par l'absence de votre orateur bien-aimé : c'est que des occupations multipliées et la maladie le retenaient dans sa maison, quoique son cœur et ses désirs fussent parmi vous.

M. le Dreuille, en effet, vous avait depuis longtemps consacré son travail et sa vie; et l'on peut dire que la partie la plus notable de son existence a été vivifiée par le soin de vos intérêts, de votre bien-être, et de votre perfectionnement intellectuel et moral.

La vue d'un père honnête, laborieux et profondément chrétien, gagnant péniblement, mais honorablement, le pain de sa famille, avait dû, de bonne heure, lui inspirer une grande sympathie pour les ouvriers ; il l'avait été lui-même pendant quelque temps, jusqu'à ce que son intelligence précoce eût fait désirer à des personnes capables de la juger qu'il fallait lui donner les moyens de la développer par l'éducation. Sa seconde carrière ne lui fit pas oublier la première ; il en retint le souvenir de son père, son exemple, sa religion, ainsi que les vertus de sa mère, pouvant dire comme David : « *Hœreditate acquisivi testimonia tua in œternum ;* j'ai reçu, ô mon Dieu, vos commandements par héritage et pour toujours.

Vous n'auriez pas été surpris de la beauté de ses discours, de sa profonde érudition, de la sagesse de ses pensées, de la vérité de sa doctrine, si vous aviez su que, doué d'un esprit très vif, d'une riche imagination, d'une conscience élevée, il avait toujours travaillé avec ardeur, et qu'il avait toujours été remarqué dans ses classes par ses succès.

Professeur de philosophie, ensuite de théologie, à un âge où les autres sont encore élèves, il soutenait, en Sorbonne, des thèses publiques avec l'admiration de ses auditeurs ; plus tard, il donnait des leçons de littérature, et il aidait ses amis dans l'éducation de leurs enfants. Le charme que vous lui connaissiez, il l'avait partout. Ses élèves devenaient bientôt ses amis, ses admirateurs, ses enfants reconnaissants. Pour eux, il composa, en littérature, divers ouvrages très estimés, entre autres une traduction en vers français de l'*Enfer* du Dante, car il était poëte ;

il en avait le coloris, la pensée et l'élévation ; et, en France et à l'étranger, plusieurs sociétés littéraires voulurent le compter parmi leurs membres les plus laborieux et les plus distingués.

Mais ses idées et ses goûts le portaient constamment à s'occuper de la moralité, des intérêts et du bonheur des hommes, surtout de la classe ouvrière : ses divers écrits, jusqu'à ce qu'ils fussent complétement consacrés à cet objet, portaient ce caractère de charité.

Vint enfin le moment où il put apporter son concours dévoué, intelligent, pratique et actif à une admirable institution. Un vicaire de Sainte-Marguerite, M. l'abbé Massard, voyait dans sa paroisse beaucoup d'ouvriers, et il conçut l'excellente idée de leur proposer de se réunir en société de secours mutuels pour parer aux inconvénients du chômage, de la vieillesse et de la maladie, et de se mettre en même temps sous la protection de Dieu en assistant à un exercice religieux où ils entendraient la parole de vérité ainsi que la parole de quelques laïques dévoués qu'il invitait à ces réunions. On mêlait, en effet, la morale, la partie de l'histoire que tout le monde doit savoir et les connaissances usuelles des diverses professions ; enfin, un prêtre faisait toujours une instruction religieuse. Les ouvriers du faubourg Saint-Antoine vinrent bientôt en grand nombre aux réunions ; ils y voyaient de précieux avantages : ils avaient là une bonne soirée par mois, un honnête repos après le travail, la joie de se trouver ensemble, tous hommes laborieux, rangés, pacifiques, et sanctifiant leur état par leur amour de la religion.

On parla bientôt des réunions de Sainte-Marguerite : d'autres paroisses se mirent à l'œuvre, en créèrent de semblables, et elles se multiplièrent peu à peu, à la grande satisfaction des ouvriers.

Les curés, qui, naturellement, s'intéressent aux pauvres, aux vieillards, aux malades, adoptèrent ces sociétés ; mais ils ne furent pas seuls. Des hommes éminents, religieux, amis de la classe ouvrière, offrirent leur concours et les avantages de leur parole et de leur science. Le Père Millériot, dont tout le monde connaît l'entraînement, le cœur, le dévouement, parut un des premiers. Le Père de Ravignan, le Père Lacordaire, ces célèbres prédicateurs de Notre-Dame, voulurent faire des instructions ; M. Bruker, ancien ouvrier lui-même, et connaissant les besoins, les dangers, les aspirations de sa classe, y apportait son zèle ardent et sa parole pleine de vie ; M. l'abbé Croze ajoutait la grâce et l'amabilité à la gravité de l'enseignement religieux ; M. Claudius Hébrard, le poëte toujours accueilli avec enthousiasme, chantait de nobles et touchantes pensées avec une inspiration chaleureuse et pleine d'harmonie ; M. Gaillardin, le professeur d'histoire, reliait son enseignement pratique des devoirs aux grands exemples donnés par les siècles. M. l'abbé le Dreuille parut aussi un des premiers, et tout d'abord il conquit l'estime et l'affection des sociétaires par la variété des sujets qu'il traitait avec une grande supériorité de talent, d'instruction, de charme, d'allusions saisissables, supériorité que faisaient valoir sa taille avantageuse, son heureuse physionomie, sa voix étendue et vibrante, l'air de bienveillance et de bonté qui illuminait son visage.

Il est avec ces personnages dont je viens de parler le fondateur, le propagateur, le protecteur des réunions naissantes de Saint-François-Xavier, et c'est là son principal mérite. Toutes les institutions ne se créent que lentement, difficilement, à travers beaucoup d'obstacles, de préjugés, d'habitudes, qui les embarrassent, les entravent et les arrêtent. Les fondateurs doivent faire preuve de sens, de lumières, de patience, de fermeté, de résignation, de persévérance; ils méritent qu'on conserve leurs noms, qu'on se souvienne de leurs travaux, qu'on honore leur dévouement.

A présent, ces réunions sont prospères. Plusieurs des fondateurs sont morts ou absents; d'autres les ont remplacés : M. Cochin, noble caractère, parole éloquente, qui porte si bien un nom qui rappelle plusieurs générations de vertu et de charité; M. Rataud, l'homme des œuvres, qui en crée, qui trouve, on ne sait comment, le temps d'en faire prospérer plusieurs à la fois, tant il y porte d'intelligence, de foi et d'activité; et d'autres hommes de bien, M. l'abbé Moigno, M. de Riancey, etc., se dévouent à ces institutions; mais, je le répète, la première gloire, le plus grand mérite est aux fondateurs, car il est plus facile de continuer une œuvre que de la créer : M. le Dreuille marche donc au premier rang. J'hésitais à fonder l'œuvre sur la paroisse de Saint-Etienne-du-Mont; il m'encouragea, me donna son concours; peut-être que s'il n'avait pas été là, je n'aurais pas fait cette fondation, devenue depuis utile et prospère.

Ses idées s'agrandirent encore avec le temps par ses relations avec la classe ouvrière, et dès lors son esprit fécond et actif ne cessa de s'occuper de ces hautes et graves questions de travail, de salaire, de commerce, d'économie, de secours, qui renferment la destinée des ouvriers. Il se livra à d'immenses travaux où sont examinées ces questions, mit aussi beaucoup d'idées dans un journal créé pour cet objet, et fit un grand nombre de projets et de plans de fondations de toutes sortes. Plusieurs de ces projets étaient avancés; d'autres sont encore incomplets; mais il y a de si belles idées, des notions si élevées et si utiles, que nous devons espérer qu'une main amie pourra, dans un travail sérieux, analyser ces projets, et, par ses idées, réveiller les idées d'autres personnes qui les étendront, les feront valoir et les mettront en pratique. On trouvera aussi d'excellentes considérations dans les nombreux rapports qu'il fit, pendant trois années, à la Commission des OEuvres, dont il était secrétaire. Mgr Sibour, de douloureuse mémoire, avait créé cette Commission, présidée par M. l'abbé de la Bouillerie, alors vicaire général de Paris, depuis évêque de Carcassonne. Elle devait examiner quelles étaient les institutions charitables les plus dignes de la protection spéciale de l'archevêché. M. le Dreuille étudia la constitution de ces diverses OEuvres, donna des conseils utiles aux fondateurs, leur indiqua les améliorations dont elles étaient susceptibles; et celles qu'il désignait à la Commission comme les plus importantes durent leur existence ou leur prospérité aux moyens suggérés par lui pour les soutenir et les développer. Le Seigneur a dit: « *Alius est qui seminat, alius est qui metit;* » autre est celui qui sème; autre, celui qui moissonne. Il y en a qui sèment des idées : c'est un germe déposé dans les âmes;

elles y prennent racine , montent, arrivent à la maturité et donnent à d'autres une belle moisson. Chacun a son mérite , chacun aura sa récompense. L'abbé le Dreuille était un semeur puissant et fécond : ceux qui moissonneront se rappelleront ses travaux et lui rendront la justice qui lui est due.

Il eut le bonheur de réaliser un de ses projets par la création *de la maison* dite *de placement.* Il vit que l'ouvrier et le fabricant se cherchent souvent sans se rencontrer ; il fonda sa maison, pour que les uns et les autres eussent un point de réunion. Cela réussit en effet , et peut-être plusieurs d'entre vous ont-ils trouvé là un ouvrage impatiemment attendu et infructueusement cherché ; de plus, comme il avait acquis des connaissances étendues sur toutes les industries et sur tous les états, il était à même de donner des conseils, des encouragements, de dissiper de fatales illusions, de bien diriger chacun vers la position qui lui convenait. Il avait stipulé que, dans les divers contrats, une part des bénéfices formerait une caisse de secours et de réserve. Les fabricants, les industriels, les grands commerçants, lui donnaient leur confiance. Les plus notables personnages de la noblesse et de la fortune souscrivaient avec bonheur à son œuvre.

Malheureusement, la révolution de 1848 détruisit ce bien. Les souscripteurs, effrayés, retirèrent leurs noms : il n'y avait ni confiance, ni ouvrage ; mais enfin on a vu fonctionner pendant plusieurs années une belle institution qui devra se rétablir quand le moment opportun sera venu. Toutefois les ouvriers lui témoignèrent en ce temps leur confiance et leur sympathie aux élections des représentants du peuple, et lui donnèrent plus de trente mille suffrages.

M. le Dreuille mettait donc en pratique ses idées qu'il développait souvent dans vos réunions. Vous connaissiez son activité; tous les dimanches, le soir, il parlait jusque dans *quatre* réunions, et se transportait rapidement d'un lieu dans un autre, sa vigoureuse santé suffisant au voyage et à plusieurs heures d'un débit très animé. Il préférait ce devoir qu'il s'était volontairement imposé à toutes les réunions d'amis et de famille. Vous le receviez avec de grands applaudissements; vous l'écoutiez avec une religieuse attention, distraite seulement par les marques d'assentiment que provoquaient ses discours. Un jour, il arriva un peu tard au Gros-Caillou : la séance était levée, on sortait de l'église; il veut se retirer, mais les ouvriers le prient de ne pas les priver de sa parole. Ils rentrent; on rallume les lampes, et, malgré ses observations sur l'heure avancée, il fut obligé de leur dire son discours.

On connaissait d'ailleurs sa bonté et sa charité, non pas seulement par ses paroles, mais encore par ses œuvres : on ne savais pas tout cependant. Sa mort, comme cela est commun aux personnes charitables, a révélé des secrets qu'il cachait avec soin. On savait qu'il donnait des secours, qu'il faisait des avances, des prêts assez considérables; et l'on a trouvé de plus dans ses papiers un grand nombre de reconnaissances sans l'adresse des personnes qu'il avait obligées, et qu'il ne mettait point par une touchante délicatesse. Le total de ces sommes est très élevé, vu le peu de fortune qu'il possédait. On sait que d'autres prêts lui avaient été rendus. Une fois, il avança 600 francs à un père de famille qui faisait vivre quatre personnes; sans cette somme, sa position de travail était perdue. M. le Dreuille lui en fit l'avance à la condition que l'argent lui serait rendu pour être prêté à d'autres, et cet homme, en prenant beaucoup de temps, lui rendit les 600 francs en une infinité de petits payements.

Un jeune homme, auquel il avait prêté une somme assez forte, en lui procurant une place dans un chemin de fer, pour l'aider à faire sa route et à s'installer, la lui renvoya plusieurs années après. Il s'excusait du retard sur ce que son installation et la maladie de sa femme l'avaient empêché jusque-là de distraire cet argent de ses faibles appointements. M. le Dreuille était heureux de rencontrer ainsi des hommes honnêtes et consciencieux, qui faisaient tout leur possible pour remplir leurs engagements.

On l'admirait, on l'aimait, on lui donnait des marques touchantes d'estime et de reconnaissance. En 1847, il trouva un jour en rentrant chez lui un fort joli dessin. On avait écrit derrière le cadre : « *Je voudrais avoir plus de talent, afin que mon souvenir fût plus précieux aux yeux de la personne à qui je l'offre avec tant de plaisir.* » Le donateur avait seulement signé : un membre de la Société de Saint-François-Xavier à M. le Dreuille. M. le Dreuille a conservé précieusement ce dessin dans sa chambre. Il possédait aussi un autre important ouvrage au crayon, qui avait mérité d'être reçu à l'exposition générale du Louvre. La famille de l'auteur y attachait un glorieux souvenir ; mais, ayant entendu un discours de M. le Dreuille, elle eut le courage de faire, en sa faveur, le sacrifice de ce petit chef-d'œuvre.

M. le Dreuille était laïque jusqu'en 1845 ; alors Mgr Affre, le martyr de la cause du peuple, l'engagea à se faire prêtre, et il

lui donna l'ordination. M. le Dreuille fut heureux de son sacer-
doce. Jusque-là, il avait été utile aux ouvriers par ses conseils,
par sa parole et par l'emploi de son temps; il pensa avec atten-
drissement qu'il aurait le droit de les bénir, de les entendre en
confession, de les assister dans la maladie et à la mort. Les ouvriers comprirent ces pensées, et ils lui offrirent de beaux orne-
ments dont il se servait aux grandes fêtes; et quand il dit sa
première messe à Notre-Dame, chacun en sortant de l'église
s'empressait de toucher sa main nouvellement consacrée; on lui
fit cortége; on lui exprima les plus touchantes félicitations. Les
ouvriers sentaient bien qu'il leur appartenait davantage; que de
nouveaux liens l'unissaient plus divinement, plus étroitement, à
leurs propres destinées. Le jour même de son ordination, un
homme âgé, depuis longtemps éloigné de la religion, lui fit sa
confession : ce furent les prémices de son ministère.

Ses travaux pour vous ne l'occupaient pas exclusivement : il
avait adopté d'autres hommes bien dignes de son intérêt et de sa
sollicitude, ayant été nommé premier aumônier du Val-de-
Grâce, qui renferme six à huit cents lits pour les militaires malades. Combien il s'attacha vivement à ces pauvres soldats,
éloignés de leurs familles, mutilés, en proie à de grandes et
longues souffrances! Ils reconnurent de suite en leur aumônier
toutes les ressources les plus précieuses de compassion et de
charité pour eux. Leur parlant dans un langage familier et ap-
proprié à leur condition, il les intéressait vivement par les
exhortations faites à côté de leur lit de souffrance, et par ses
discours à la chapelle : c'était une fête pour eux de l'enten-

dre. Ils y allaient tous, à moins que la gravité de leur maladie ne les retînt dans leur lit ou dans la salle; il y en avait qui exposaient presque leur santé pour ne pas y manquer, malgré leur faiblesse et le froid humide de la chapelle. M. le Dreuille consolait et voyait les malades avec une grande affection, leur rendait toutes sortes de services, accourait à leur appel et les ranimait par de bonnes paroles. Son air de bienveillance, si conforme à ses actions, attirait leur confiance : quand ils se sentaient plus malades, ils le demandaient pour les sacrements; aucun, à moins qu'il ne fût surpris par une mort imprévue, ne mourait sans son secours. Il les visitait souvent, voyant combien sa présence les consolait. En se retirant, il rencontrait quelquefois leurs regards doux et suppliants qui semblaient demander qu'il restât encore, et il retournait auprès de leur lit, continuant son ministère de charité et de consolation.

Comment ne l'auraient-ils pas aimé ! Comment ne lui auraient-ils pas donné leur confiance, à lui qui les assistait si généreusement et qui mettait de côté tous les mois le tiers de ses revenus pour les besoins de ses soldats. On cite un trait de dévouement bien remarquable. Dans un moment de désespoir, un soldat, avait cherché à se donner la mort en prenant du laudanum; il fut secouru à temps; mais comme le poison avait commencé à glacer son sang, on voulait empêcher qu'il ne tombât dans le sommeil, car le sommeil c'était la mort. Les infirmiers le prirent et le forcèrent à marcher, lui voulant toujours dormir. Quand les infirmiers furent épuisés, M. le Dreuille prit ce malade sous le bras, et il marcha avec lui *pendant sept heures ;* le malade fut sauvé, mais l'aumônier eut les pieds meurtris pendant plusieurs jours. On conçoit la légitime affection que les soldats lui portaient. Il en profitait pour leur donner de bons conseils; en chaire, il les conjurait de remplir exactement leurs devoirs, de se montrer chrétiens fidèles : et plusieurs fois son auditoire ému, se levant en masse et étendant la main, faisait le serment de se donner entièrement à Dieu.

Cependant ses travaux nombreux, les fatigues de l'hôpital, l'obligation sacrée de se lever souvent la nuit, quoique fatigué ou souffrant lui-même, commencèrent à altérer sa santé. Ses amis, et ils étaient nombreux, voyaient avec inquiétude cette altération : il aimait et il était aimé. On trouvait toujours son cœur sympathique et ouvert. On peut dire que ceux qui le voyaient souvent devenaient ses amis, et ils ne le quittaient plus. Il était toujours prêt à les consoler, à les obliger, à leur donner sa parole, ses ressources, son temps. Il suffisait de le voir pour se sentir attiré vers lui ; son aspect inspirait la confiance. Plusieurs fois, dans les voitures publiques, des personnes qui le voyaient pour la première fois étaient poussées à lui confier leurs peines; il les écoutait avec bonté. Une de ces personnes lui disait en le quittant : *Je savais bien que vous me consoleriez.*

Cette bonté de cœur fut une des causes de sa maladie et de sa mort. A la fatigue et aux travaux de son ministère auprès des soldats et des ouvriers vinrent se joindre les tribulations et les chagrins. Personne n'en est exempt. Il n'y a pas de condition, mes amis, où n'entrent les chagrins ; il n'est pas d'heureux en ce monde, ou ils ne le sont pas longtemps. Nous habitons une terre que l'Écriture sainte appelle justement *deserta, invia, in-aquosa : déserte,* quoiqu'il y ait beaucoup de monde; mais le malheur cherche la solitude, ou on la lui fait ; *sans chemin,* ou avec des chemins rudes et difficiles, l'affligé gravit un calvaire ; *sans eau,* la bouche se dessèche, ne trouve point d'eau, ou elle ne trouve que des eaux amères. Vous savez cela, et vous prenez part aux afflictions des autres. On répète un mauvais axiôme, qui heureusement n'est pas vrai : *Mal d'autrui n'est qu'un songe.* Non, les maux de vos frères font sur votre cœur une autre impression que la vanité des songes ; vous y prenez part, et vous rendez aux autres la commisération qu'ils vous donnent. Cependant il faut dire que nos maux nous touchent ordinairement plus que les maux des autres parce que nous sentons plus vivement ce que nous souffrons : c'est dans la nature. Nous y ajoutons souvent aussi leur comparaison avec ceux des autres, et nous croyons que nous sommes bien plus malheureux : chacun croit être le plus malheureux, ce qui veut dire que tout le monde l'est beaucoup. Maladies du corps, souffrances de l'esprit, tourments du cœur, déchirements de l'âme à la mort des personnes aimées, pauvreté, tribulations, injustices, persécutions, abandon, solitude forcée : chacun, à bien peu d'exceptions près, supporte quelqu'une de ces misères, et le fardeau en est toujours très lourd.

Il faut remarquer cependant que nos malheurs deviennent encore plus grands si nous sommes doués d'une vive sensibilité. On ressent alors plus douloureusement le mal ; il pénètre plus profondément dans l'âme, la saisit dans toutes ses puissances, et ces âmes déchirées, abattues, atteintes ainsi comme aux sources de la vie, communiquent au corps leurs impressions, leur fatigue, leur abattement : de là viennent les maladies qui conduisent, lentement ou rapidement, mais toujours sûrement, à la désorganisation et à la mort.

Ce fut lentement que M. le Dreuille tomba dans la mort, sans maladie caractérisée, les médecins disant qu'ils ne pouvaient constater d'altération grave dans aucune des principales parties de son corps. Ses forces l'abandonnèrent successivement ; son activité décroissait insensiblement ; l'accablement de l'âme suspendait la pensée elle-même. L'air pur de la campagne ne put le ranimer ; il espérait que le repos absolu, la promenade, la tranquillité de la solitude, renouvelleraient son existence ; mais l'atteinte était trop grave. S'il résista encore quelque temps, il le dut aux ressources d'une constitution primitivement très robuste. Sa faiblesse devint si grande qu'il ne put accepter un poste auquel l'avait nommé Mgr l'archevêque.

Sa sensibilité et son affection pour ses amis, qui l'entouraient de leurs soins, lui faisaient concentrer les craintes qu'il avait sans doute sur le dépérissement final de sa santé. Il était calme, résigné, parlait peu de son état : on ne savait s'il le connaissait. On le devinait cependant à quelques paroles attendries qui lui échappaient comme malgré lui, mais qui exprimaient sa tendresse et sa reconnaissance. Il demanda la visite de son pasteur, M. le curé de Saint-Jacques-du-Haut-Pas. En remplissant ses devoirs, il voulut que l'on sût bien que c'était volontairement et en pleine connaissance qu'il le faisait. *Je sens*, lui disait-

il, *que j'ai toute ma présence d'esprit, et que ma tête n'est point affai-*
blie ; je n'ai aucun désordre dans mes idées.

Quelle grâce privilégiée de conserver à ses derniers moments sa lucidité d'esprit, alors qu'il faut se préparer à terminer saintement sa vie, à paraître devant Dieu, et à lui exprimer tous ces sentiments de foi, d'amour et de repentir qui achèvent la perfection de l'âme et couronnent ses œuvres !

Après sa mort, son visage conserva le caractère de ces saintes impressions ; nous pûmes remarquer qu'il paraissait enfoncé dans un recueillement religieux et profond. L'âme, avant de quitter son corps, avait dû méditer les grandes vérités de la religion, et, en s'envolant, avait laissé la trace de ce recueillement. Elle n'avait pas éprouvé la terreur des jugements de Dieu, mais quelque chose de semblable à la douce gravité des émotions d'un fidèle qui va communier. Ce fidèle aime tant son Dieu qu'il ne craint pas son approche ; cependant il veut le recevoir dignement, et il cherche comment il pourra lui plaire dans les conditions d'une sainte et fructueuse communion. A la mort, les vérités de la foi doivent se présenter à l'esprit avec une grande clarté. Celui qui meurt s'isole du monde qu'il va quitter ; les passions, le bruit, les richesses, ne le touchent plus : il va paraître devant Dieu, et Dieu l'occupe entièrement. Mais la vue des fautes peut le troubler, quoique remises par l'absolution, ainsi que l'imperfection des actions les meilleures. L'Ecriture sainte nous fait comprendre cet état, dans les psaumes surtout, où l'on trouve des paroles dites évidemment pour cette solennelle circonstance : « *J'ai médité les jours anciens ; j'ai dans ma pensée les années éternelles, j'ai médité avec mon cœur pendant la nuit.* » Et encore : « *Conduisez-moi, Seigneur, dans la voie de votre vérité ; souvenez-vous de vos bontés, mon Dieu, et de vos miséricordes que vous avez fait paraître de tout temps ; oubliez les fautes de ma jeunesse, et mes ignorances. Convertissez-nous, Seigneur, qui êtes notre salut. Détournez votre colère ; est-ce que vous serez toujours irrité ? Montrez-nous votre miséricorde.* » Et l'âme attend la réponse de Dieu : « *J'écouterai*, dit-elle, *la parole que le Seigneur Dieu fera entendre, car ce sera une parole de paix sur son peuple, sur ses saints, sur ceux qui se convertissent du cœur.* »

Le visage de M. le Dreuille semblait exprimer ces sentiments de crainte filiale et de sainte espérance. Il entendit des voix amies lui réciter les dernières prières et lui inspirer de pieuses pensées ; et son âme, en partant, put encore en recueillir les derniers sons, prolongés par la foi et par l'amitié.

Il n'y avait pas très longtemps qu'il avait prononcé un discours à l'œuvre de Saint-Médard. On lui demanda avec instance de revenir à une autre séance ; il le promit, mais, le 18 septembre, la mort le délia de tous ses engagements sur la terre : ce jour-là, il entra dans l'éternel repos...

Vous ne pûtes, mes amis, assister à son convoi, parce qu'on n'eut pas le temps nécessaire pour vous avertir ; mais ses amis, quelques anciens élèves qui le regardaient comme un père, lui rendirent ce dernier devoir de prier pour lui et de ne le quitter qu'au cimetière. Les infirmiers du Val-de-Grâce obtinrent l'autorisation de lui faire un cortége militaire. « *Nous voulons*, dirent-ils, *aller rendre les derniers devoirs à un homme qui nous a*

rendu tant de services, à un aumônier si bon, si indulgent pour nous.»
Ils avaient vu sa charité tendre et compatissante pour les malades et les mourants. Les médecins, qui sortaient de leur inspection au moment de l'enterrement, s'empressèrent de se rendre à l'église, ainsi que les infirmiers-majors, qui voulurent y assister, quoique non commandés. Un hommage touchant lui fut rendu au moment où l'on replaçait le corps sur le char funèbre. Une pauvre vieille femme s'avança tout près, et, les bras étendus, s'écria au milieu de la foule : *« Oh ! que celui-là était un bon prêtre ! et il s'en va ! c'est ça de la vraie religion ! »* La vérité de son expression et de ses gestes émut vivement ceux qui l'entouraient, et les soldats-infirmiers, quoique habitués à la vue des souffrances et des cris de douleur, ne purent retenir leurs larmes.

Vous êtes venus, mes amis, assister à ce service célébré par un vénérable pasteur qui a ajouté à l'efficacité du sacrifice divin tout ce qu'il a pu par la sincérité de ses prières. Il a prié avec ferveur, ayant aimé M. le Dreuille et connu les services qu'il n'a cessé de vous rendre. J'ai voulu vous parler de lui, ayant acquis ce droit par l'amitié qui nous unissait depuis plus de quarante années, et par la connaissance que j'avais de ses rares qualités, l'objet de nos regrets, qu'il avait consacrées au bien de ses frères. Il vous demande, en retour de ce qu'il a fait pour vous, d'honorer sa mémoire, et de vous souvenir de son âme dans vos prières. N'oubliez jamais ses conseils et ses instructions. Il vous recommandait de rester fidèles à trois grands principes dont il établissait constamment la vérité : le respect de l'autorité, l'accomplissement du devoir, et la pratique de la charité envers tous.

Il rappelait la parole de l'Écriture : *Rendez à César ce qui est à César, et à Dieu ce qui est à Dieu. Tout pouvoir vient de Dieu :* le pouvoir des princes, le pouvoir de l'Église, le pouvoir des parents dans la famille, le pouvoir de la conscience dans l'âme. Vous êtes des hommes d'ordre ; vous savez que les révolutions amènent toujours des désastres, et vous voulez la paix et la tranquillité que les autorités régulières peuvent seules donner. De là vient le devoir qui nous suit partout et dont l'accomplissement exprime les vertus sociales, domestiques et religieuses. Il faut être des hommes, non de vices, de passions, d'ignorance, de désordres, mais des hommes de devoir en tout, partout, dans toutes les phases de la vie. L'homme n'a droit à l'estime des autres et à la protection de Dieu qu'en restant fidèle au devoir.

Le devoir le plus simple, le plus doux au cœur, est l'exercice de la charité. *Aimez-vous les uns les autres ;* aimez ceux qui souffrent de la pauvreté, de la maladie, de l'abandon, de la vieillesse et rendez-leur tous les services que vous pourrez. Ces services seront toujours grands, parce que leur principe se trouvera dans votre cœur charitable et compatissant. Je puis dire avec vérité que M. le Dreuille n'a vécu que pour le bonheur et le soulagement de ses frères.

Que les ouvriers de Saint-François-Xavier se montrent dignes des instructions d'un de leurs fondateurs les plus dévoués et les plus aimés, et je leur appliquerai ces belles paroles de l'Ecriture sainte :

« Heureux l'homme qui a trouvé la sagesse et la prudence ; il a fait une acquisition meilleure que l'argent et l'or le plus pur ; cette sagesse surpasse toutes les richesses, et rien de ce qu'on désire le plus des biens de ce monde ne saurait lui être comparé (*). »

(*) Au moment où feu M. l'abbé le Dreuille semble revivre au milieu de nous dans le panégyrique attachant et si plein d'intérêt que vient d'en faire M. le curé de Saint-Roch, on apprendra avec satisfaction qu'un portrait, dû au burin d'un de nos meilleurs artistes, va fournir à ses anciens et nombreux amis le moyen facile de conserver ses traits vénérés.

Ce portrait, d'une ressemblance parfaite, se vend au choix 75 c. ou 1 fr. 25 c. chez M. Savard, papetier, rue de la Vieille-Estrapade, 15, à Paris.

2754 — Paris, Imprimerie de Ch. Jouaust, rue Saint-Honoré, 338.

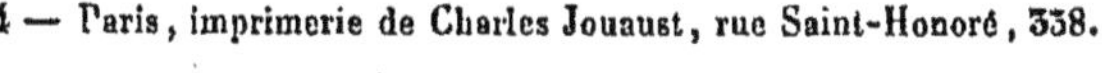

2754 — Paris, imprimerie de Charles Jouaust, rue Saint-Honoré, 338.